AF469666

23 mars 1896

P

VENTE DES 23 & 24 MARS 1896

HÔTEL DROUOT, SALLE N° 6

EXEMPLAIRE DE H. STETTINER

# CATALOGUE

DES

# ANCIENNES FAIENCES

## FRANÇAISES & ÉTRANGÈRES

Bernard Palissy, Pré d'Auge, Beauvaisis, Rouen,
Nevers, Lille, Sinceny, Moustiers, Marseille, Niderwiller, Sceaux,
Aprey, Saint-Jean-du-Désert, Paris, Delft, Hispano-Moresque,
Rhodes, etc., etc.

*Six beaux Épis de faîtage, faïence du Pré d'Auge*

## ANCIENNES PORCELAINES

Rouen, Chantilly, Mennecy, Chine, Japon, etc. — Grès

**Argenterie, Coupe en ancien émail de Limoges, Bois sculptés, Albâtres, etc.**

## MEUBLES ANCIENS

EN BOIS SCULPTÉ ET MARQUETERIE DES XV$^{e}$, XVI$^{e}$, XVII$^{e}$ ET XVIII$^{e}$ SIÈCLES

**Très belle Commode Louis XIV**

Cadres, Pendules, Grandes Colonnes et Grandes Cariatides en bois sculpté, etc.

## TAPISSERIES ANCIENNES

COMPOSANT

*la Collection de feu M. X***, Amateur Normand*

ET DONT LA VENTE AURA LIEU A PARIS

## HOTEL DROUOT, SALLE N° 6

**Les Lundi 23 et Mardi 24 Mars 1896**

*à 2 heures précises*

---

| COMMISSAIRE-PRISEUR | EXPERT |
|---|---|
| **M$^{e}$ PAUL CHEVALLIER** | **M. CAILLOT** |
| 10, rue Grange-Batelière, 10 | 17, rue Lafayette, 17 |

---

EXPOSITION PUBLIQUE

**Le Dimanche 22 Mars 1896, de deux heures à six heures**

412

## CONDITIONS DE LA VENTE

Elle sera faite expressément au comptant.

Les acquéreurs payeront *cinq pour cent* en sus des adjudications.

L'exposition mettant le public à même de se rendre compte de l'état et de la nature des objets, il ne sera admis aucune réclamation une fois l'adjudication prononcée.

## ORDRE DES VACATIONS*

### *Le Lundi 23 Mars*

| | | | | |
|---|---|---|---|---|
| Faïences de Rouen | N° | 1 | à | 100 |
| Faïences françaises diverses | — | 159 | à | 180 |
| Faïences Palissy et Pré d'Auge | — | 127 | à | 147 |

### *Le Mardi 24 Mars*

| | | | | |
|---|---|---|---|---|
| Faïences de Rouen | N° | 101 | à | 126 |
| Faïences de Nevers | — | 148 | à | 158 |
| Faïences étrangères diverses | — | 181 | à | 190 |
| Porcelaines diverses | — | 191 | à | 206 |
| Objets divers | — | 207 | à | 229 |
| Meubles | — | 230 | à | 261 |
| Tapisseries | — | 262 | à | 276 |

* L'ordre numérique ne sera pas suivi.

Paris — Imprimerie de l'Art, E. Moreau et C^ie, 41, rue de la Victoire

# DÉSIGNATION

## ANCIENNES FAIENCES DE ROUEN

1 — Assiette à décor bleu et rouge; au centre, un bouquet de fleurs; au marli et à la chute, très large décor de lambrequins et pendentifs avec quadrillés.

Belle assiette.

Diam., 24 cent.

2 — Assiette à décor bleu et rouge; au centre se trouve une fleur; au marli et à la chute, large décor de lambrequins et pendentifs.

Bel émail.

Diam., 24 cent.

3 — Assiette décorée en bleu; au centre, un écusson armorié surmonté d'une couronne de comte; au marli et à la chute, six vases fleuris reliés par des guirlandes et lambrequins.

Diam., 245 millim.

4 — Assiette semblable à la précédente.

5 — Assiette à décor bleu; au milieu, grande étoile à huit pointes, reliée au bord par un décor rayonnant.

Joli décor.

Diam., 23 cent.

6 — Assiette à décor bleu et rouge; au centre, table et vases fleuris de goût chinois; le marli et le fond entièrement couverts de motifs à réserves reliées par des fleurs et ornements divers.

Diam., 225 millim.

7 — Assiette à décor bleu et rouge; au centre, cul-de-lampe composé d'une corbeille fleurie et de deux cigognes, autour duquel se trouve une couronne composée de rinceaux fleuris; au marli, lambrequins et guirlandes.

Diam., 245 millim.

8 — Assiette à décor polychrome; le fond entièrement couvert de fleurs, branchages et oiseaux dans le goût chinois; le marli est composé de quatre réserves reliées par un quadrillé; dans chaque réserve se trouve une crevette.

Beau et rare spécimen d'un joli coloris.

Diam., 245 millim.

9 — Assiette semblable à la précédente.

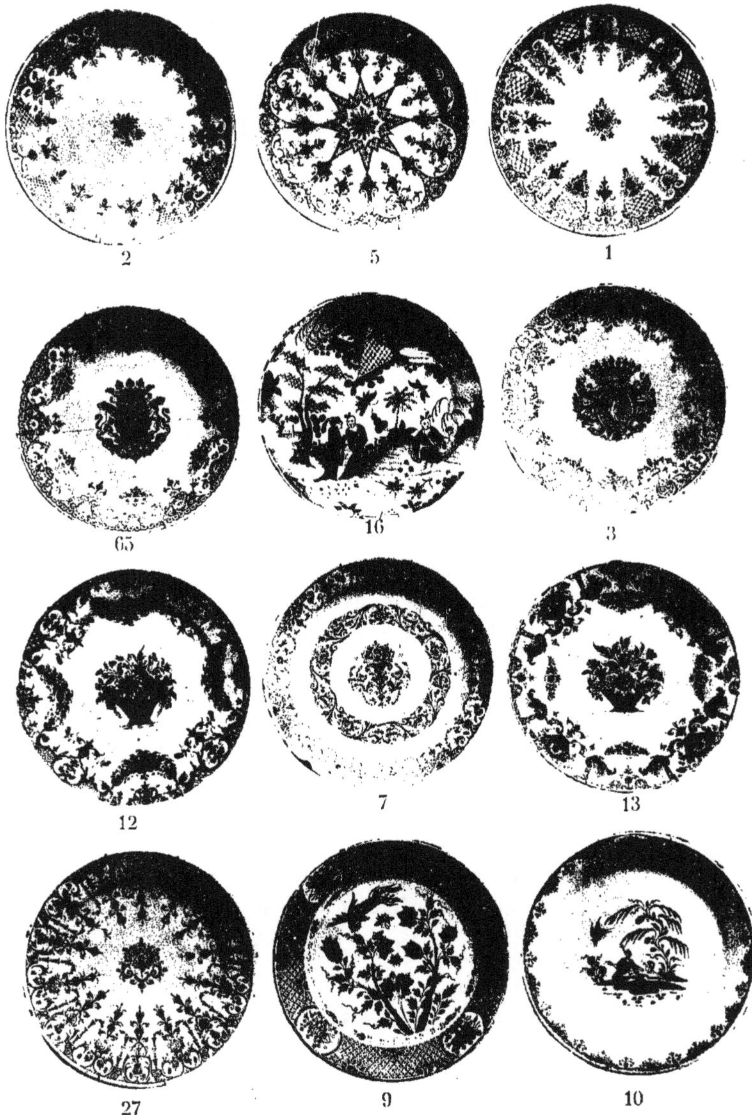


Phototypie Berthaud, Paris.

10 — Assiette à décor polychrome ; au fond, motif composé d'un personnage chinois, à table, tenant de la main droite un fruit ; près de lui se trouve un arbre, un oiseau et des fleurs ; au marli, armoirie du commandeur Duprat et petite bordure de pendentifs.

Diam., 255 millim.

11 — Assiette à décor polychrome ; le fond entièrement couvert d'un motif dans le goût chinois ; au bord, petit galon jaune avec quadrillés et réserves fleuries.

Diam., 24 cent.

12 — Assiette à décor polychrome ; corbeille fleurie au centre ; au marli et à la chute, ornements de ferronnerie avec guirlandes et pendentifs.

Bel émail.

Diam., 245 millim.

13 — Assiette à décor polychrome ; corbeille fleurie au centre ; au marli et à la chute, ornements de ferronnerie avec guirlandes, vases et fleurons.

Bel émail.

Diam., 24 cent.

14 — Assiette à décor polychrome ; au fond, corbeille fleurie, le marli est composé de fleurs et grenades en enroulement sur fond bleu.

Diam., 24 cent.

15 — Assiette à décor polychrome; au fond, pagodes et arbustes; le marli est composé de huit réserves fleuries reliées par des fleurs et ornements sur fond bleu.

Diam., 235 millim.

16 — Assiette à décor polychrome en plein d'un sujet composé de trois personnages chinois dans un jardin.

Très bel émail.

Diam., 24 cent.

(*Vente Ploquin.*)

17 — Assiette à bord contourné, décor polychrome en plein, composé de deux personnages chinois dans un paysage; l'un tenant un parasol, et l'autre prosterné devant lui.

Diam., 25 cent.

18 — Assiette à bord contourné, décor polychrome en plein, représentant le combat de deux coqs, entourés de grands branchages avec fleurs, grenades, papillons et oiseaux.

Diam , 25 cent.

19 — Assiette semblable à la précédente.

20 — Assiette à bord contourné, décor polychrome en plein; femme chinoise dans un paysage tenant un parasol; à la partie inférieure, canard au milieu de roseaux.

Diam , 25 cent.

21 — Assiette à bord contourné, décor polychrome dit au léopard ; au fond, branchages fleuris supportant deux oiseaux ; le marli, également composé de branchages fleuris.

Diam., 245 millim.

22 — Plat oblong à bord contourné, décor polychrome ; au centre, corbeille fleurie ; au marli et à la chute, ornements composés d'un riche décor de motifs rocailles et de six fleurons quadrillés, reliés par des motifs de ferronnerie ; au bord, pointillés rouges.

Très beau coloris.

Larg., 34 cent., haut., 25 cent.

23 — Assiette, décor semblable au numéro précédent.

Diam., 25 cent.

24 — Bannette rectangulaire à pans coupés, décor polychrome ; au fond, grand cul-de-lampe composé d'une corbeille fleurie et motifs de ferronnerie ; le marli et la chute sont également formés de ferronneries et de guirlandes fleuries.

Très belle pièce.

Larg., 43 cent.; haut., 29 cent.

25 — Bannette à bord contourné, décor polychrome ; au fond, trophée composé de drapeaux, couronnes et feuillages au milieu desquels se trouve un écusson avec chiffres enlacés, le tout sur-

monté d'un oiseau ; ce motif est entouré d'un large et riche ornement rocaille en enroulement.

Larg., 405 millim.; haut., 275 millim.

26 — Grande bannette rectangulaire à pans coupés, décor bleu et rouge ; au fond, cul-de-lampe composé de vases fleuris et ornements de ferronnerie autour duquel se trouve un large lambrequin de guirlandes, pendentifs, ferronnerie et quadrillés

Coloris très vif.

Larg., 45 cent.; haut., 31 cent.

27 — Assiette à décor bleu ; au centre, petit cul-de-lampe avec motif de ferronnerie; le marli et presque tout le fond sont couverts de riches lambrequins, fleurons et guirlandes.

Diam., 245 millim.

28 — Petit plat creux rectangulaire à pans coupés, décor bleu et rouge vif; au fond, cul-de-lampe composé d'une corbeille fleurie supporté par un ornement quadrillé; de chaque côté une corne d'abondance ; au bord, lambrequin de guirlandes et fleurons.

Marqué au revers S. G.

Larg., 275 millim., haut., 225 millim.

29 — Plat ovale en hauteur, à bord contourné; décor polychrome dit à la gargouille.

Haut., 40 cent.; larg. 28 cent.

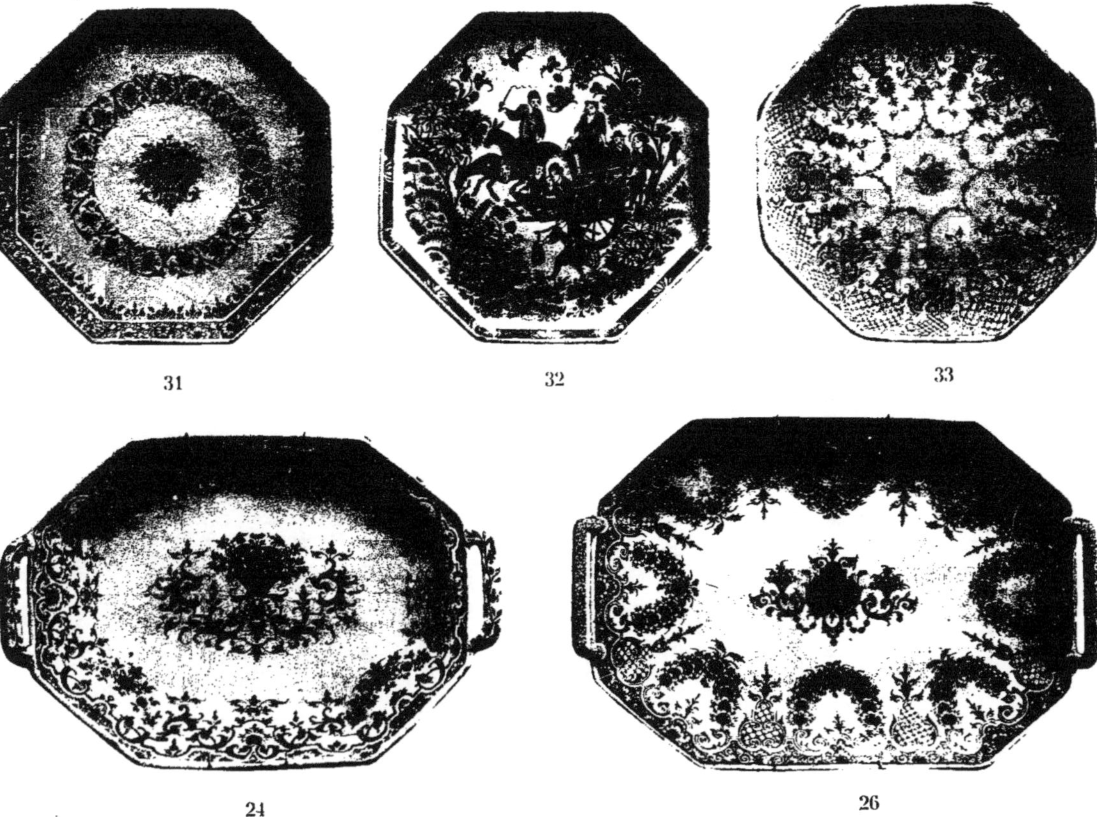

31 32 33

24 26

30 — Très joli et curieux plat à barbe, décor polychrome ; au fond, singe jouant de la musique, à califourchon sur un chien supportant un orgue, un autre singe assis insuffle de l'air dans les tuyaux de cet instrument ; au marli, cinq réserves contenant des pagodes et des crevettes, reliées par des quadrillés.

Larg., 35 cent.; haut 275 millim.

31 — Plateau-piédouche octogonal, décor bleu et rouge ; au centre, cul-de-lampe composé d'un mascaron fleuronné, supportant une corbeille de fleurs ; ce motif est entouré d'une couronne de rinceaux, au bord et au fond bande et pendentifs d'ornements divers.

Très bel émail.

Diam , 295 millim.

32 — Plateau-piédouche octogonal, décor polychrome ; le fond entièrement couvert d'un sujet chinois composé de nombreux personnages, animaux, fleurs et oiseaux ; au bord, petit galon jaune avec rinceaux noirs et réserves.

Très belle pièce.

Diam., 295 millim.

33 — Plateau-piédouche octogonal, décor bleu et rouge brique ; au centre, un cygne dans des roseaux, le reste de la pièce est décoré de grands lambrequins, fleurons et guirlandes.

Diam., 30 cent.

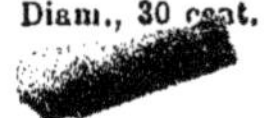

34 — Aiguière en forme de casque, décor bleu entièrement couvert d'un riche décor rayonnant sur la panse, le culot et le piédouche.

Haut., 29 cent.

35 — Aiguière en forme de casque, décor bleu entièrement couvert et pouvant faire pendant au numéro précédent, mais d'un décor un peu différent.

Haut., 29 cent.

36 — Potiche sur piédouche à deux renflements, entièrement couverte d'un riche décor polychrome; la panse est composée de quatre compartiments, deux renfermant des personnages chinois et les deux autres des guirlandes fleuries, à la partie supérieure de ces réserves, un mascaron fleuronné; le petit renflement est à huit bossages, décorés de feuillages entre lesquels se trouve un décor rayonnant; le piédouche et la partie supérieure du vase sont décorés de réserves où se trouve une écrevisse, ces réserves sont reliées par un quadrillé vert.

Très belle pièce.

Haut., 35 cent.

37 — Grand plateau à bord relevé, décor polychrome; au milieu, six personnages représentant le triomphe d'Amphitrite; au pourtour, lambrequins et guirlandes en bleu et rouille.

Larg., 51 cent.; haut., 335 millim.

38 — Plat à barbe octogonal, décor polychrome ; même sujet en camaïeu bleu que le numéro 30 ; au pourtour, enroulements rocailles.

Larg., 34 cent.; haut., 29 cent.

39 — Sucrière en forme de balustre avec couvercle dômé, ajouré et se vissant, à riche décor bleu et rouge vif de lambrequins, vases fleuris et motifs de ferronnerie reliés par des guirlandes ; le pied est de décor rayonnant.

Très belle pièce.

Haut., 235 millim.

40 — Sucrière semblable au numéro précédent.

41 — Sucrière en forme de balustre avec couvercle dômé, ajouré et se vissant à riche décor, polychrome ; lambrequins, pendentifs et motifs de ferronnerie reliés par des guirlandes, le pied est de décor rayonnant.

Haut., 225 millim.

42 — Sucrière en forme de balustre avec couvercle dômé, ajouré et se vissant, à riche décor bleu et rouge vif, composé de lambrequins, fleurons, coquilles et guirlandes; le pied est de décor rayonnant.

Haut., 245 millim.

43 — Sucrière en forme de balustre avec couvercle dômé, ajouré et se vissant, décorée en bleu de

fleurons et oiseaux ; au milieu, une armoirie surmontée d'une couronne de comte.

Haut., 235 millim.

44 — Sucrière en forme de balustre avec couvercle dômé et ajouré, décorée en bleu de trois motifs de fleurons et ferronnerie séparés par des bandes verticales ; le pied est composé de lambrequins et fleurons.

Haut., 23 cent.

45 — Sucrière semblable à la précédente.

Haut., 23 cent.

46 — Sucrière de forme cylindro-conique avec couvercle dômé, ajouré et se vissant, décor bleu et rouge, de lambrequins et guirlandes.

Haut., 195 millim.

47 — Sucrière de forme cylindro-conique avec couvercle dômé, ajouré et se vissant, décor polychrome à la pagode.

Haut., 205 millim.

48 — Sucrière de forme cylindro-conique avec couvercle dômé, ajouré et se vissant, décor bleu et rouge de lambrequins.

Haut., 195 millim.

49 — Bas de sucrière de forme cylindro-conique

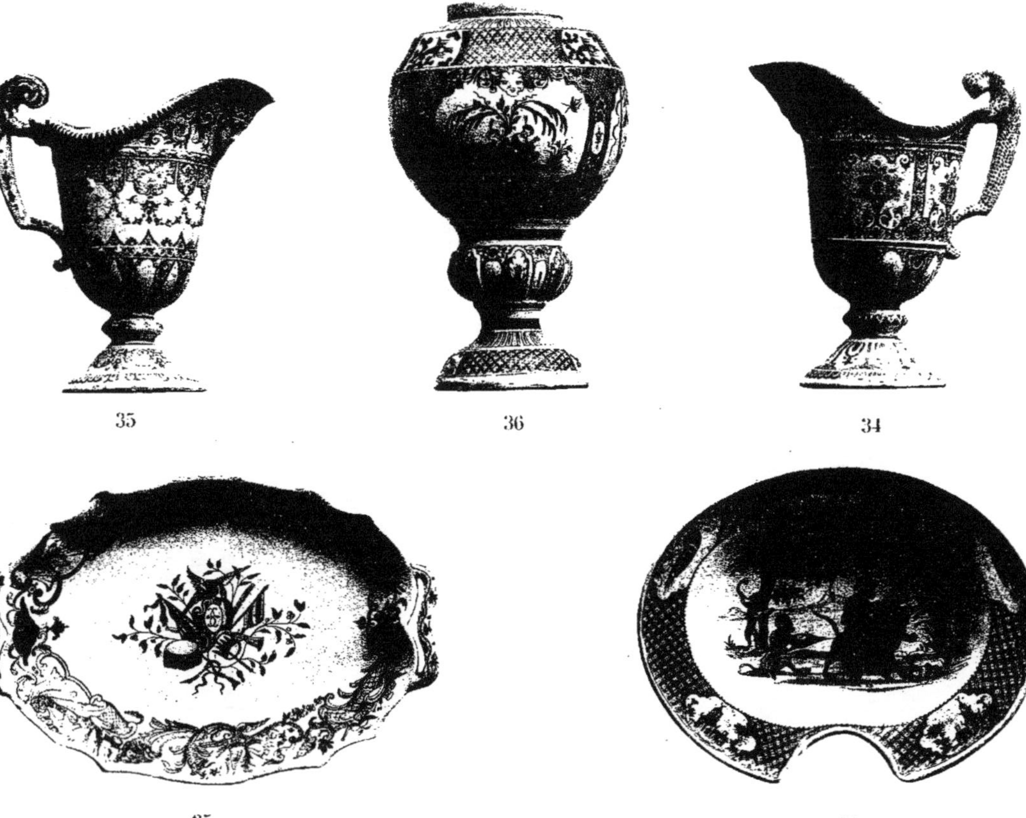

35 36 34

25 30

avec couvercle à charnière en étain, décor rayonnant en bleu et rouille.

Haut., sans le couvercle, 10 cent.

50 — Sucrière en forme de balustre avec couvercle dômé, ajouré et pas-de-vis en étain, décorée en bleu d'arceaux, de fleurons en guirlandes ; le pied est de décor rayonnant.

Haut., 23 cent.

51 — Écuelle ronde à oreilles plates, décor polychrome ; à l'intérieur, médaillon en camaïeu bleu, représentant la Vierge et l'Enfant Jésus ; aux pourtours intérieur et extérieur, lambrequins ; le couvercle est entièrement décoré de six bandes rayonnantes dans lesquelles sont intercalés des personnages chinois.

Très belle et rare pièce.

Diam., 185 millim.

52 — Écuelle ronde à oreilles plates, décor bleu et rouge ; à l'intérieur, une corne d'abondance, à l'extérieur, large frise avec fleurs et quadrillés rouges sur fond bleu, le couvercle est très richement orné d'un décor rayonnant avec corbeilles fleuries dans les intervalles.

Diam., 16 cent.

53 — Saucière à deux déversoirs et oreilles verticales, décorée en bleu et jaune ; au centre, cul-

de-lampe avec corbeille fleurie, aux pourtours intérieur et extérieur, lambrequins et guirlandes.

Long., 20 cent.

54 — Saucière, semblable à la précédende.

55 — Saucière, de même forme que les précédentes, dont les oreilles manquent, décor bleu et rouille, analogue aux numéros 53 et 54.

Long., 20 cent.

56 — Porte-huilier et ses burettes, à pans coupés, joli décor rayonnant bleu et rouge.

Haut. du porte-huilier, 16 cent. ; haut. des burettes, 12 cent.

57 — Écuelle ronde à oreilles plates, décorée à l'intérieur d'un médaillon de sainte Catherine, avec l'inscription : *Marie-Catherine Quimbel 1768;* à l'intérieur, fleurs et feuillages, décor à la corne sur le couvercle.

Diam., 16 cent.

58 — Porte-huilier à huit pans, riche décor bleu et rouille.

Long., 235 millim.

59 — Porte-huilier à huit pans, décor bleu et rouille, analogue au précédent, il a été monté en étain et forme écritoire.

Long., 24 cent.

60 — Écuelle ronde à oreilles plates, décor polychrome ; à l'intérieur, deux cœurs enflammés entourés d'une bande jaune, avec l'inscription : *Thérèse Jamin;* au pourtour extérieur et sur le couvercle, décor rocaille et quadrillés. Au revers de la pièce, un oiseau avec l'inscription : *Quand cet oiseau chantera, mon amour finira.*

Diam., 145 millim.

61 — Couvercle, à pans d'une boîte à épices, très riche décor bleu et rouge vif.

Long., 105 millim.; larg., 80 millim.

62 — Couvercle, à huit pans d'une boite à épices, très riche décor en bleu et rouille.

Long., 110 millim.; larg., 80 millim.

63 — Deux grands lions, décor polychrome.

Haut., 72 cent.; larg., 65 cent.

64 — Un grand lion, décor polychrome.

Haut., 68 cent.; larg., 68 cent.

65 — Assiette, décor bleu; au fond, l'armoirie de Poterat, supporté par deux lions; au marli et à la chute, riche bordure de lambrequins et guirlandes fleuronnées.

Diam., 24 cent.

*(Collection Maze-Sencier.)*

66 — Très grand plat ovale, décor bleu ; au fond, grand motif composé de quatre enfants, dont deux portent des cornes d'abondance ; les deux autres, au milieu de grands rinceaux fleuronnés, avec oiseaux ; au marli, grands lambrequins.

Larg., 66 cent ; haut., 51 cent.

67 — Assiette, décor polychrome en plein d'un grand motif rocaille, avec trois amours, vase fleuri et guirlandes.

Diam., 24 cent.

68 — Assiette à bord contourné, décor polychrome en plein de deux personnages chinois avec parasols, fleurs, feuillages, arbustes et balustrades.

Diam , 245 millim.

69 — Assiette, décor polychrome, marli quadrillé avec quatre réserves, fleurs de sainfoin ; au fond, fleurs et feuillages.

Diam., 24 cent.

70 — Assiette à bord contourné, décor polychrome au carquois.

Diam., 255 millim.

71 — Assiette à bord contourné, même décor.

Diam., 25 cent.

72 — Assiette, décor polychrome ; au centre, vase

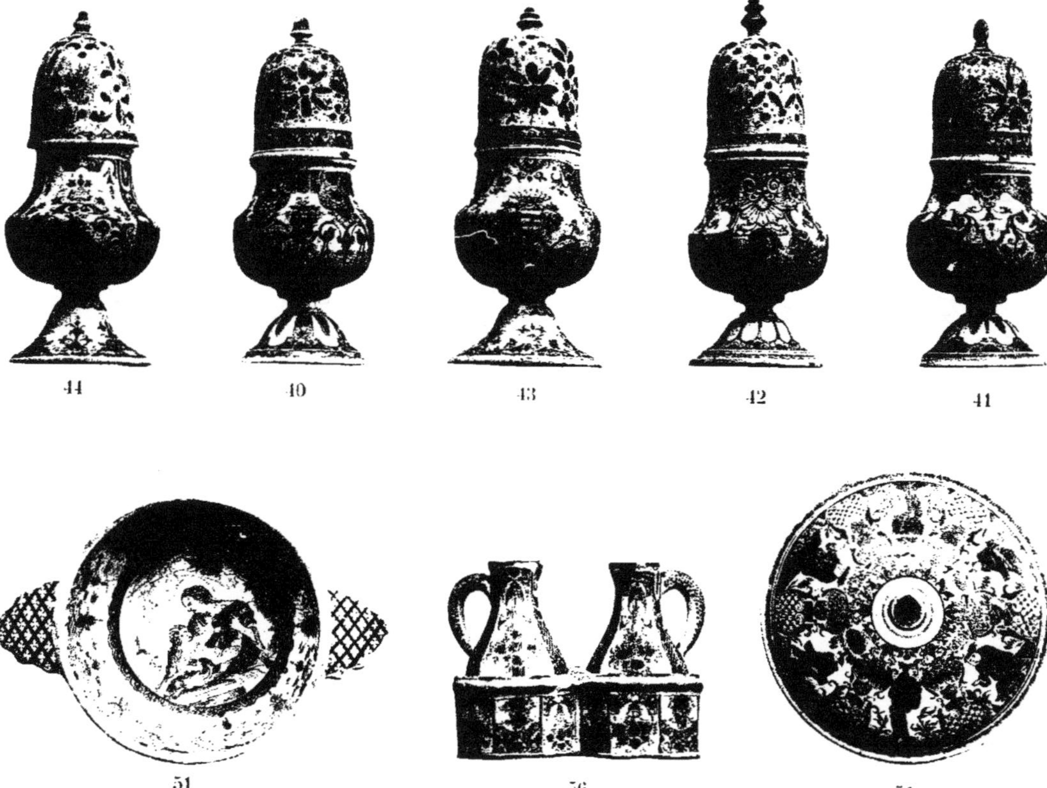

44 40 43 42 41

51 56 51

fleuri ; au marli, quatre guirlandes fleuronnées et quatre urnes dans des cartouches.

Diam., 24 cent

73 — Deux assiettes à bord contourné, décor polychrome ; au fond, sujets en camaïeu bleu composés de deux personnages musiciens entourés de motifs rocaille ; au marli, sur l'une, rinceaux avec trois mascarons ; sur l'autre, rinceaux fleuris.

Diam., 255 millim.

74 — Assiette, décor polychrome ; au fond, deux enfants forgerons ; au marli et à la chute, lambrequins avec fleurons et guirlandes.

Diam., 24 cent.

*(Collection Loisel.)*

75 — Assiette, décor bleu, rosace au centre ; le marli orné d'une petite frise.

Diam., 24 cent.

76 — Bannette rectangulaire, à pans coupés, décor bleu ; au centre, mascarons et fleurons ; au pourtour, grand lambrequin fleuronné.

Larg., 365 millim. ; haut., 25 cent.

77 — Petit plat, décor polychrome ; au fond, motif composé de personnages chinois avec arbustes

et oiseaux; au marli, bandes quadrillées avec quatre réserves à crevettes.

Diam., 28 cent.

78 — Bannette rectangulaire à pans coupés, décor bleu et rouge; au fond, un personnage chinois dans un paysage; au bord, petit galon.

Larg., 36 cent.; haut., 245 millim.

79 — Grand plat, décor bleu; au fond, deux enfants dans un motif de fleurons et ferronnerie; au marli et à la chute, lambrequin fleuronné.

Diam., 43 cent.

80 — Bannette rectangulaire à pans coupés, décor bleu et rouge; au fond, cul-de-lampe composé d'une corbeille fleurie et de deux cornes d'abondance; au marli, guirlandes et pendentifs.

Larg., 405 millim.; haut., 29 cent.

81 — Assiette, décor bleu; au fond, deux blasons accolés, surmontés d'une couronne de marquis; au marli et à la chute, lambrequin fleuronné.

Diam., 235 millim.

*(Collection Maze-Sencier.)*

82 — Grand plat, décor bleu; rosace au centre entourée d'une large couronne fleuronnée; au marli, lambrequin.

Diam., 45 cent.

83 — Plat oblong à bord contourné, décor polychrome en plein : trois Chinois dans un paysage et un dans une barque.

Larg., 39 cent.; haut., 27 cent.

84 — Assiette à bord contourné ; décor polychrome en plein, gros perroquet sur un branchage fleuri ; à la partie inférieure, des chardons.

Diam., 255 millim.

85 — Petit plat oblong, décor polychrome au léopard.

Larg., 305 millim.; haut., 205 millim.

86 — Assiette, même décor que le numéro précédent.

Diam., 24 cent.

87 — Très grand plat, décor polychrome de Guillibaud, marli quadrillé composé de quatre réserves avec crevettes.

Diam., 54 cent.

88 — Grande bannette, décor polychrome, tout le fond occupé par une chasse au lion avec trois grands personnages chinois; au bord, quadrillés avec réserves à crevettes.

Larg., 455 millim.; haut., 30 cent.

89 — Deux assiettes, décor polychrome à la corne.

Diam., 25 cent.

90 — Assiette, décor polychrome à la corne tronquée.

Diam., 245 millim.

91 — Assiette, décor polychrome ; au fond, corbeille fleurie ; le marli, à fond bleu, est composé de huit réserves fleuries, reliées par des marguerites.

Diam., 24 cent.

92 — Bannette rectangulaire à pans coupés, décor polychrome ; une pagode au milieu, au bord couronne de fleurs et fruits sur fond bleu.

Larg., 36 cent.; haut., 25 cent.

93 — Assiette à bord contourné, décor polychrome ; au fond, corbeille fleurie ; le marli est composé d'un lambrequin fleuronné avec guirlandes et quadrillés.

Diam., 255 millim.

94 — Grand plat, décor bleu, tout le fond est occupé par une rosace étoilée, fleuronnée et enguirlandée ; au marli, lambrequin.

Diam., 545 millim.

95 — Assiette à bord contourné, décor polychrome ; au fond, corbeille fleurie ; le marli et la chute

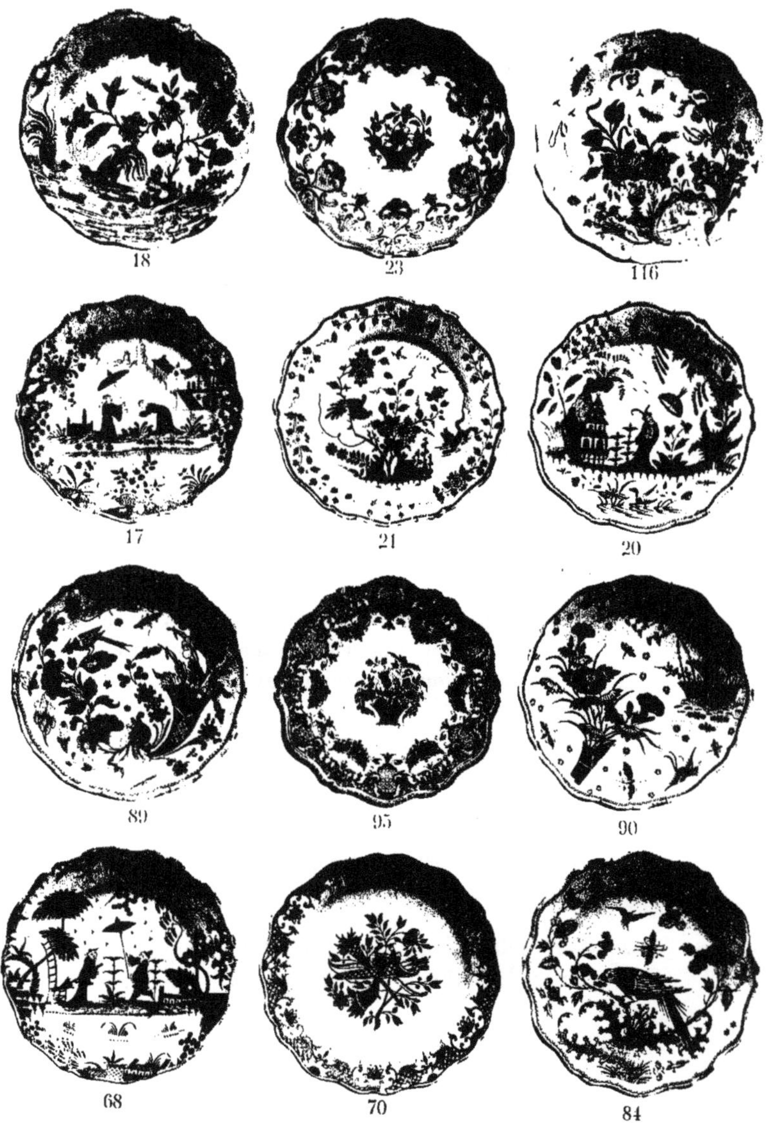

18 23 116

17 21 20

89 95 90

68 70 84

Phototypie Berthaud, Paris.

composés d'un large lambrequin avec guirlandes et fleurons quadrillés.

Diam., 245 millim.

96 — Assiette, décor polychrome; au fond, médaillon renfermant la Vierge et l'Enfant Jésus; au marli et à la chute, très large motif rocaille en enroulement.

Très bel émail.

Diam., 245 millim.

97 — Grand plat ovale à bord contourné, décor polychrome, grands branchages fleuris occupant tout le fond; au bord, fleurs et feuillages.

Long., 485 millim.; haut., 355 millim.

98 — Bannette rectangulaire à pans coupés, décor bleu et rouge; au fond, corbeille de fleurs entre deux cornes d'abondance formant cul-de-lampe; au pourtour, large lambrequin composé de corbeilles fleuries, quadrillés et pendentifs.

Belle pièce.

Long., 365 millim.; haut., 245 millim.

99 — Grand plat rectangulaire à pans coupés; décor polychrome; corbeille fleurie au centre; au marli et à la chute, grand lambrequin avec guirlandes.

Long., 50 cent.; haut., 37 cent.

100 — Assiette à bord contourné, décor polychrome, en plein, de branchages fleuris avec deux oiseaux. L'inscription : *Modeste Ralée, 1754.*

Diam., 26 cent.

101 — Assiette à bord contourné, décor polychrome, dit à la tulipe.

Diam., 235 millim.

102 — Deux assiettes, décor bleu; petit fleuron au centre, galon au marli; dans l'une, à la partie supérieure, un blason.

Diam., 24 cent.

103 — Assiette décorée en bleu d'un petit galon au bord; le fond est occupé par un couplet grivois (air de *Joconde*).

Diam., 24 cent.

104 — Soupière ronde, décor polychrome, dit à l'échantillon.

Diam., 26 cent.

105 — Plat creux, décor polychrome, en plein, d'un sujet chinois composé de cinq personnages dans un paysage avec balustrade.

Diam., 345 millim.

106 — Grand plat décoré en bleu d'une grande rosace reliée au bord par un grand lambrequin rayonnant.

Diam., 43 cent.

107 — Écritoire, décor polychrome de cornes d'abondance ; motifs de fleurs et ferronnerie.

Larg., 215 millim.; haut., 13 cent.

108 — Petit Bacchus sur un tonneau supporté par quatre lions, décor polychrome.

Larg., 18 cent., haut., 215 millim.

109 — Écritoire d'un joli décor bleu et rouge, motifs de ferronnerie, fleurons quadrillés et pointillés.

Larg., 265 millim.; haut., 9 cent.

110 — Deux cache-pots, de forme cylindrique, à oreilles plates, décor polychrome, en plein, de quatre médaillons contenant des paysages et des guirlandes fleuries; le tout relié par des fleurs et ornements divers.

Haut., 165 millim.; diam., 205 millim.

111 — Grande potiche couverte, de forme ovoïde à piédouche, décorée en bleu de quatre bandes verticales reliées par des ornements divers ; vases fleuris, cornes d'abondance, draperies et pendentifs.

Haut., 54 cent.

112 — Sucrière, forme balustre (le couvercle manque), décorée en bleu de lambrequins et fleurons ; le pied est décoré dans le style rayonnant.

Haut., 13 cent.

113 — Pot à eau, décor polychrome, dit à l'échantillon.

Haut., 195 millim.

114 — Assiette à bord contourné, décor polychrome rocaille ; sujet central en camaïeu bleu représentant deux dames jouant aux cartes.

Diam., 25 cent.

115 — Compotier dentelé, décor polychrome, dit au vase fleuri ; pagode dans un cartouche et cornes d'abondance.

Diam., 22 cent.

116 — Huit assiettes à bords contournés, décor analogue au numéro précédent.

Ce lot sera divisé.

Diam., 24 et 25 cent.

117 — Grand vase cylindrique couvert, décor polychrome de grands lambrequins et pendentifs.

Diam., 23 cent.; haut., 33 cent.

118 — Théière, de forme quadrangulaire, décorée en bleu de lambrequins.

Haut., 10 cent.

119 — Saladier, décor polychrome : scène chinoise, composée de quatre personnages dans un paysage.

Diam., 285 millim.

120 — Cache-pot, de forme cylindrique, à oreilles plates, décoré en bleu de bandes verticales entre lesquelles se trouvent des pendentifs fleuronnés.

Diam., 20 cent.; haut., 17 cent.

121 — Fontaine, décor polychrome : Bacchus sur un tonneau.

Haut., 60 cent.; larg., 37 cent.

122 — Deux lions assis non décorés.

Haut., 35 cent.; larg., 305 millim.

123 — Deux légumiers ovales, décor polychrome à la corne.

Long., 28 cent.

124 — Fontaine d'applique, forme balustre, et son bassin, décor bleu de lambrequins et pendentifs.

Bassin, larg., 57 cent.; fontaine, haut., 61 cent.

125 — Fontaine d'applique, forme balustre, et son bassin, décor polychrome de guirlandes et lambrequins.

Bassin, larg., 55 cent.; fontaine, haut., 53 cent.

126 — Fontaine d'angle, forme vase, et son bassin, décor polychrome de guirlandes, lambrequins et pendentifs.

Bassin, larg., 53 cent ; fontaine, haut., 45 cent.

## ANCIENNES FAIENCES DE PALISSY

### PRÉ D'AUGE ET TERRES VERNISSÉES

127 — Palissy. Coupe ovale en hauteur : médaillon représentant la Vierge au rosaire.

Haut., 235 millim.; larg., 19 cent.

128 — Palissy. Coupe ovale en hauteur : médaillon représentant un moissonneur tenant une gerbe de blé.

Haut., 28 cent.; larg., 215 millim.

129 — Palissy. Coupe ovale en largeur sur piédouche : médaillon représentant Diane assise au milieu des roseaux, la main gauche appuyée sur un vase simulant une source, deux chiens sont auprès d'elle.

Larg., 30 cent.; haut., 255 millim.

130 — Palissy. Coupe ronde ajourée sur piédouche : semis de marguerites blanches et jaunes sur fond vert et bleu.

Diam., 295 millim.

131 — Palissy. Coupe ronde sur piédouche : médaillon composé de quatre personnages représentant Actéon changé en cerf.

Diam., 295 millim.

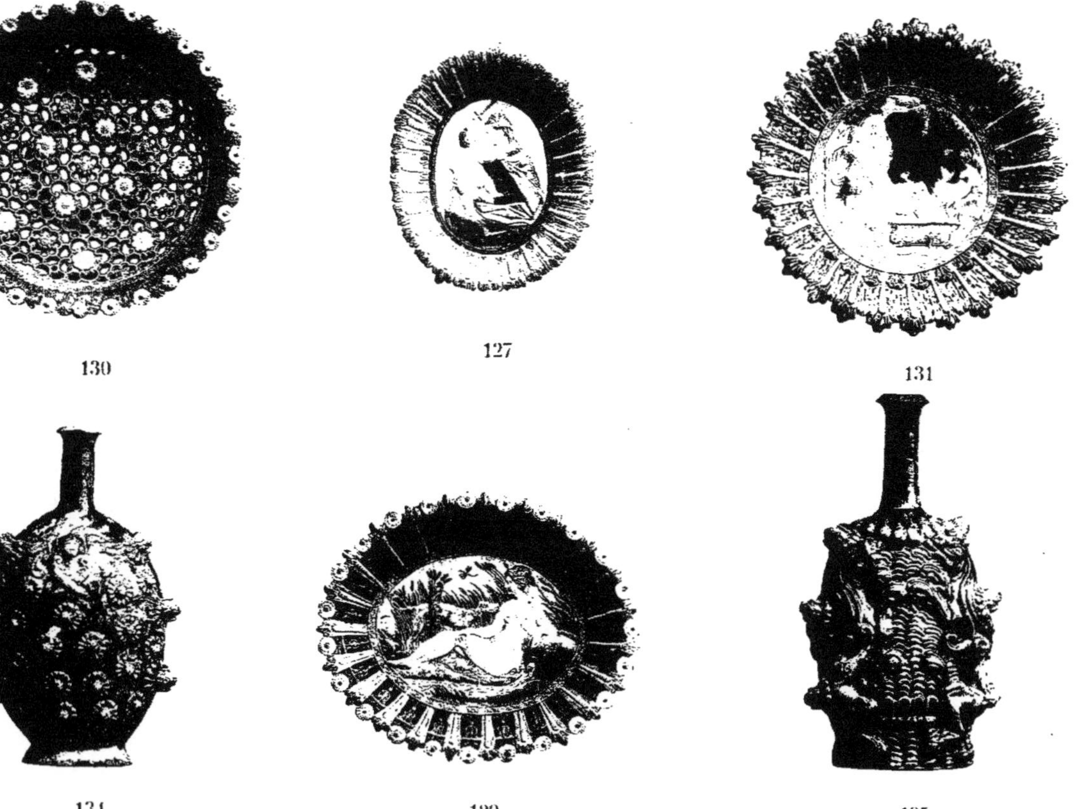

130 127 131

134 129 135

132 — Palissy. Coupe ronde sur piédouche : médaillon composé de huit enfants, représentant l'enfance de Bacchus.

Diam., 305 millim.

133 — Beauvaisis. Cruche avec anse torse ; en relief, sept bandes verticales entre lesquelles se trouvent des mascarons fleuronnés également en relief ; émaux blancs et verts sur fond brun.

Haut., 28 cent.

134 — Pré d'Auge. Gourde de forme aplatie avec six passants ; à la partie supérieure et sur les deux faces, une tête d'ange en relief, un semis de marguerites sur les autres parties ; émaux jaunes et bleus sur fond brun jaspé.

Haut., 31 cent.

135 — Pré d'Auge. Gourde de forme aplatie avec six passants ; en relief, de chaque côté de ces passants un lion grimpant tenant toute la hauteur de la panse ; émaux bleu, jaune, vert et brun.

Haut., 35 cent.

136 — Avignon. Hanap avec couvercle adhérent, décoré en relief de différents motifs ; émaux blanc et vert sur fond brun foncé.

Haut., 25 cent.

137 — Beauvaisis. Hanap avec couvercle adhérent,

décoré en relief de palmes, têtes d'anges et feuillages ; émaux blanc et vert sur fond brun jaspé.

Haut., 205 millim.

138 — Palissy. Coupe ovale avec coquilles et marguerites formant cavités entre lesquelles se trouvent en relief des cornes d'abondance.

Larg., 35 cent.; haut., 265 millim.

139 — Pré d'Auge. Fontaine quadrangulaire avec deux clochetons ; en relief, plusieurs scènes de l'Histoire Sainte.

Haut., 29 cent.

140 — Pré d'Auge. Fontaine quadrangulaire avec deux clochetons; sur la face et au milieu, mascaron d'homme barbu; de chaque côté deux niches dans lesquelles se trouvent en relief des saints personnages.

Haut., 34 cent.

141 — Pré d'Auge. Pot à surprise ou biberon avec anse formée par un buste de femme en costume Henri III.

Haut., 28 cent.

142 — Pré d'Auge. Grand épi de faitage.

350

Haut , 1 m. 80 cent.

143 — Pré d'Auge. Épi de faitage.

Haut., 1 m. 7 cent.

144 — Pré d'Auge. Épi de faitage.

Haut., 1 m. 45 cent.

145 — Pré d'Auge. Épi de faitage.

Haut., 1 m. 45 cent.

146 — Pré d'Auge. Grand épi de faitage.

Haut., 1 m. 73 cent.

147 — Pré d'Auge. Grand épi de faitage.

Haut., 1 m. 73 cent.

## ANCIENNES FAIENCES DE NEVERS

148 — Petit pot à eau décoré en blanc fixe et jaune sur fond gros bleu de Perse.

Haut., 14 cent.

149 — Petit plateau rond à bord relevé, décoré en blanc fixe et jaune sur fond gros bleu de Perse.

Diam., 175 millim.

150 — Deux grands vases de jardin, forme Médicis, à huit pans, avec deux gros mascarons; décor polychrome de la deuxième époque.

Haut., 40 cent.

151 — Deux grands vases de jardin presque semblables aux précédents.

Haut., 43 cent.

152 — Grand vase sur piédouche avec grosses têtes de béliers formant les anses, décoré en blanc fixe de sujets chinois, frises, fleurs et feuillages sur fond gros bleu de perse.

Haut., 33 cent.; diam., 34 cent.

153 — Assiette à large marli, décor bleu ; au marli, deux médaillons paysages, séparés par des ornements; à la partie supérieure, armoirie polychrome ; au fond, une femme dans un paysage. Première époque.

Diam., 24 cent.

154 — Grand plat, décor bleu en plein ; chasse au cerf, d'après Tempesta.

Diam., 53 cent.

155 — Deux plaques rectangulaires encadrées, décor polychrome de personnages et animaux dans des paysages. Deuxième époque.

Haut., 150 millim.; larg., 195 millim. et 150 millim.

156 — Lion assis ayant la patte sur un serpent, décor bleu.

Haut., 40 cent.; larg., 47 cent.

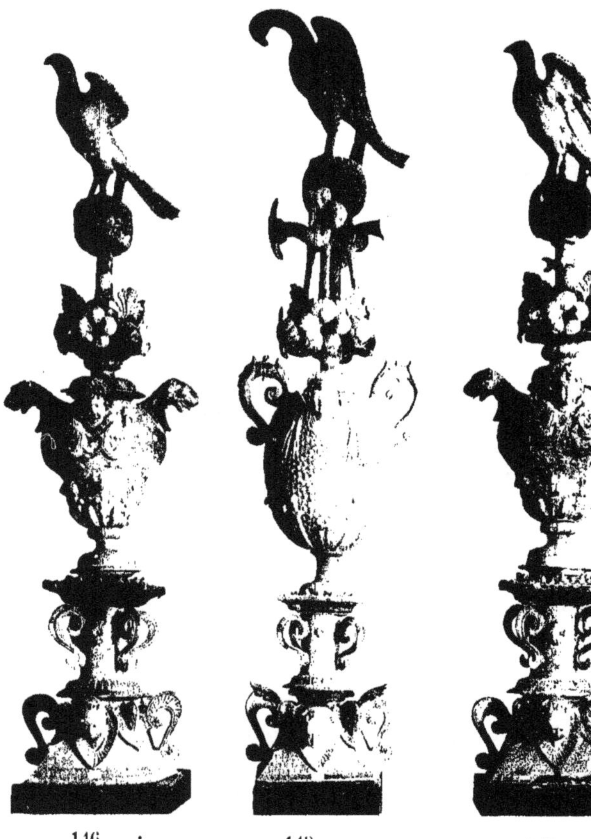

146 142 147

157 — Grand bain de pieds de forme cylindro-conique, décoré en bleu de deux grands médaillons de marines, à la partie supérieure, frise à enroulements.

Haut., 36 cent.; diam., 44 cent

158 — Environ trente assiettes patriotiques, au ballon et autres, parmi lesquelles l'assiette avec l'inscription : *Si les choses ne changent de face nous serons bientôt à la besace ;* et celle avec l'inscription : *Je suis las de les porter.*

Ce lot sera divisé.

## FAIENCES FRANÇAISES

DE

## DIVERSES FABRIQUES

159 — Lille. Compotier à bord dentelé, décor bleu; tout le fond est composé d'une grande rosace à douze rayons et motifs de ferronnerie et ornements fleuris; au bord petite bande fleurie.

Marqué au revers d'une fleur de lis et d'initiales.

Diam., 225 millim.

160 — Lille. Compotier à bord tuyauté, décor bleu; au centre fleurs et feuillages, autour très grand lambrequin rejoignant le bord.

Diam., 23 cent.

161 — Lille. Compotier à bord dentelé, décor bleu; très grande rosace fleuronnée tenant tout le fond, au bord petite frise.

Marqué au revers d'une fleur de lis et d'un W.

Diam., 24 cent.

162 — Sinceny. Plat oblong à bord contourné, décor polychrome; au fond cinq personnages chinois dans diverses attitudes entourés de grands branchages de fleurs et fruits en enroulement.

Marqué · S · au revers.

Larg., 35 cent.; haut., 27 cent.

163 — Sinceny. Grand légumier de forme oblongue, décor polychrome de fleurs et de feuillages; sur le couvercle grande composition chinoise de quatre personnages terrassant un animal fantastique.

Marque S au revers.

Long., 37 cent.

164 — Sinceny. Grande bannette rectangulaire à pans coupés, décor polychrome en plein de quatre grands chinois dans un paysage.

Marque · S · au revers.

Larg., 455 millim.; haut., 285 millim.

165 — Sinceny. Jardinière-applique, décor polychrome de rocailles, fleurs et oiseaux.

Larg., 20 cent.; haut., 10 cent.

166 — Paris. Cuvette décorée au fond en camaïeu bleu, d'un grand médaillon représentant le baptême de Jésus ; à la partie inférieure, dans un cartouche, *Jean Fleury 1717*, ce sujet est relié au bord par des ornements rayonnants en bleu et jaune.

Diam., 315 millim.

167 — Sceaux. Pot à eau couvert et sa cuvette ovale, décor polychrome de guirlandes de fleurs reliées par des nœuds.

Pot. Haut., 25 cent. Cuvette. Larg., 32 cent.

168 — Moustiers. Assiette à bord contourné, décor bleu ; au centre, rosace ; au marli et à la chute, large lambrequin fleuronné.

Diam., 25 cent.

169 — Ardus. Assiette à bord festonné, décor bleu ; motifs dans le goût de Berain.

Diam., 245 millim.

170 — Moustiers. Assiette à bord dentelé, décor polychrome, dans le goût de Marseille ; personnages dans un médaillon rocaille, au marli jetée de fleurs.

Diam., 245 millim.

171 — Bordeaux. Deux compotiers à bord contourné, décorés en polychrome, dans le goût des faïences

rouennaises ; corbeille fleurie au centre, guirlandes et pendentifs au bord et au fond.

Diam., 23 cent.

172 — Marseille. Deux corbeilles ovales ajourées, décor polychrome à fleurs.

Longueurs, 34 et 31 cent.

173 — Saint-Denis-sur-Sarthon. Deux petits vases à anses, décor polychrome, style persan ; sur l'un, l'inscription : *Je suis à Monsieur Mouton 1770 ;* sur l'autre : *Je suis à François Pottier fait le 6 7bre 1813.*

174 — Saint-Clément. Porte-huilier forme bateau avec galeries ajourées, décor doré de fleurs et oiseaux.

175 — Marseille. Deux soupières à anses sur trois pieds, forme rocaille très élégante, le bouton du couvercle est formé de coquillages. Le décor de ces pièces est composé de bouquets de fleurs en polychrome. Une, marquée de la fleur de lys : *Savy.*

Long., 33 cent.; haut , 26 cent.

176 — Niderwiller. Soupière ovale sur quatre pieds, anses détachées, et son plat ; joli décor de

fleurs, le bouton du couvercle est formé d'une écrevisse et de légumes en haut relief.

Marquée NB.

Dimensions du plat, 43 cent. sur 305 millim.
Dimensions de la soupière, 39 cent. sur 21 cent.

177 — NIDERWILLER. Porte-huilier sur quatre pieds avec galeries ajourées, décor polychrome.

Long., 245 millim.

178 — APREY. Deux plateaux carrés à bords contournés; au fond, décor polychrome de fleurs et oiseaux; le bord est décoré de hachures camaïeu rose.

23 cent. sur 23 cent.

179 — SAINT-JEAN-DU-DÉSERT. Grand plat ovale, décor bleu et manganèse; au fond, se trouve une grande armoirie surmontée d'une couronne de comte, supportée par deux sirènes sortant des flots; au bord, petit ornement en bleu.

Larg., 59 cent; haut., 42 cent.

180 — SAINT-JEAN-DU-DÉSERT. Deux vases à anses torses, sur piédouche; décorés en bleu d'un grand médaillon sur chaque face; dans l'un des personnages et dans l'autre un paysage, dans les intervalles, des ornements.

Haut., 225 millim.

## ANCIENNES FAIENCES ÉTRANGÈRES

### DE DIVERSES FABRIQUES

181 — Delft. Assiette décor polychrome ; au marli et à la chute, ornements Louis XV : à la partie supérieure, bouquets de fleurs, de chaque côté deux enfants et à la partie inférieure, cartouche dans lequel se trouve un pêcheur à la ligne ; au fond, dans un paysage en camaïeu bleu, personnage aidant une dame à descendre de cheval.

Diam., 225 millim.

182 — Delft. Très joli petit bourdaloue, décor polychrome rehaussé d'or, de lambrequins, fleurons et guirlandes.

Au revers, la marque APK.

Long., 135 millim.

183 — Delft. Plat bleu et rouge, rehaussé d'or, décoré de deux personnages chinois, vase fleuri, pagode et balustrade.

Au revers, la marque APK.

Diam., 30 cent.

184 — Delft. Plat bleu et rouge, rehaussé d'or, décoré d'un grand médaillon contenant deux oiseaux, balustrade et fleurs, entouré d'un lambrequin ; au marli, un autre lambrequin.

Au revers, la marque APK.

Diam., 305 millim.

185 — DELFT. Assiette, décor polychrome de bouquets de fleurs.

Diam., 225 millim.

186 — DELFT. Théière de forme surbaissée avec son couvercle (anse mobile en bronze), décor polychrome de lambrequins, fleurs et oiseaux.

Haut., 17 cent.

187 — DELFT. Six assiettes, décor polychrome; au fond, oiseaux, fleurs et roseaux; le marli est composé d'un lambrequin.

Diam., 22 cent.

188 — HISPANO-MORESQUE. Grande écuelle ronde à quatre oreilles plates et côtes tournantes, faïence à reflets métalliques.

Diam., 225 millim.

189 — SAVONE. Plat rond, décoré en bleu de deux personnages dans un paysage.

Diam., 34 cent.

190 — RHODES. Carreau encadré, décoré de deux grands perroquets entre lesquels se trouve un vase fleuri entouré de palmes et feuillages; beaux émaux, bleu, rouge et vert.

24 cent. sur 24 cent.

## ANCIENNES PORCELAINES ET GRÈS

### DE DIVERSES FABRIQUES

191 — ROUEN. Salière ronde, porcelaine tendre, décor bleu.

Au revers la marque de Poterat AP surmontée d'une couronne.

Diam., 78 millim.

192 — CHANTILLY. Sucrier ovale couvert avec plateau adhérent, décor polychrome de bouquets détachés ; porcelaine tendre.

Marqué au revers du cor de chasse.

193 — CHANTILLY. Plat rond, décor polychrome coréen ; porcelaine tendre.

Marqué au revers du cor de chasse.

Pièce rare de cette dimension.

Diam., 36 cent.

194 — CHANTILLY. Assiette à bord contourné et côtes tournantes, le marli à grains d'orge ; décor polychrome de bouquets détachés ; porcelaine tendre.

Diam., 24 cent.

195 — CHANTILLY. Théière forme ovoïde à côtes, décor polychrome chinois : personnages, oiseaux et fleurs. Pâte tendre.

Marquée au revers du cor de chasse.

Haut., 13 cent.

196 — MENNECY. Douze pots à crème à côtes tournantes avec couvercles, décor polychrome de bouquets détachés. Marqués DV en creux dans la pâte. Porcelaine tendre.

197 — CHINE. Deux assiettes Chine, famille verte ; au fond, branchages fleuris et oiseau ; le marli est quadrillé avec réserves de poissons et crevettes.

Diam., 24 cent.

198 — CHINE. Deux grands plats, décor polychrome; au fond, armoirie d'une ville de Hollande; au marli et à la chute, six réserves reliées par des quadrillés.

500 —

Beaux plats; seront divisés.

Diam., 475 millim.

199 — JAPON. Deux assiettes, riche décor polychrome rehaussé de dorure.

Diam., 215 millim.

200 — CHINE DE LA COMPAGNIE DES INDES. Assiette à bord contourné, décor polychrome composé de nombreux personnages dans un paysage.

Diam., 23 cent.

201 — CHINE. Plat rectangulaire à pans coupés, décor polychrome de la famille verte.

Larg., 355 millim.; haut., 25 cent.

202 — CHINE. Buire de forme et de décor persans, émaux vert et manganèse sur fond jaune; le bec manque.

Haut., 28 cent.

203 — WEDGWOOD. Vase forme Médicis en biscuit; sujets en relief blanc sur fond bleu.

Haut., 11 cent.

204 — CHINE. Deux petits plats bleu, rouge et or, surdécorés anciennement en Hollande.

Diam., 27 cent.

205 — GRÈS DE RAEREN. Gourde à panse sphérique et col, avec quatre passants; émaux bleu, gris et manganèse.

Haut., 21 cent.

206 — GRÈS. Grande canette avec personnages sous des arceaux et ornements divers, émail jaune brun; couvercle étain.

Haut., 28 cent.

## OBJETS DIVERS

207 — ÉMAIL. Coupe incomplète en émail de Limoges, par Pierre Raymond, représentant à l'intérieur le sacrifice d'Abraham; au revers, huit

450 —

mascarons reliés par des guirlandes et ornements divers; le décor est en grisaille, les chairs teintées. Signée : P R.

Bel émail du XVI$^{e}$ siècle.

208 — ARGENT. Écuelle ronde à oreilles plates; au pourtour et au couvercle, des ornements gravés dans le goût de Boulle; sur le bouton du couvercle, tête de femme en médaillon; les oreilles sont composées de coquilles et dauphins très finement ciselés. Cette pièce porte des armoiries surmontées d'une couronne de comte.

Jolie pièce de l'époque de la Régence.

209 — ARGENT. Deux petits flambeaux, époque Louis XVI, formés de colonnes cannelées.

Haut., 16 cent.

210 — ARGENT. Deux burettes Louis XV, avec ornements repoussés et ciselés.

Haut., 16 cent.

211 — ARGENT. Deux petites tasses à déguster, avec godrons et bossages.

212 — ARGENT. Ciboire de forme hexagonale, avec pied rond. Travail allemand du XV$^{e}$ siècle.

213 — ARGENT. Ciboire de forme sphérique, argent doré. Travail allemand du XVI$^{e}$ siècle.

214 — Argent. Tabatière ovale composée de médaillons, attributs de jardinage; guirlandes et cannelures. Époque Louis XVI.

215 — Argent. Petite tabatière ovale, avec ornements gravés : attributs de jardinage. Époque Louis XVI.

216 — Argent. Tabatière oblongue, décorée de personnages et ornements gravés. Époque Louis XV.

217 — Argent. Grand fermoir d'escarcelle Louis XIII. Travail hollandais.

218 — Écaille. Tabatière ovale, avec incrustations d'or et d'argent.

219 — Écaille. Tabatière carrée à angles arrondis ; écaille avec incrustations d'argent et nacre. Époque Louis XV.

220 — Galuchat. Écrin formant gaine, en galuchat vert, avec ornements en argent ; dans l'intérieur, six rasoirs et un miroir écaille et argent. Époque Louis XIV.

Haut., 26 cent.

221 — Maroquin. Écrin de forme rectangulaire en maroquin rouge ; au milieu du couvercle, l'écusson royal, et aux quatre angles, trois couronnes ; dorure aux petits fers.

Larg., 31 cent. sur 27 cent.

222 — ALBATRE. Sept bas-reliefs : sujets religieux en albâtre du XV$^{e}$ siècle.

Ce lot sera divisé.

223 — ALBATRE. Bas-relief architectural, sujet religieux, en albâtre du XV$^{e}$ siècle.

224 — CUIVRE. Grand brasero rond sur trois pieds avec anses mobiles ; cuivre jaune. Époque Louis XIII.

Diam., 72 cent.; haut., 47 cent.

225 — BOIS. Coffret rectangulaire. Travail de Bagard, de Nancy.

Larg., 30 cent. sur 24 cent.

226 — BOIS. Pupitre pour missel, en noyer finement sculpté, de l'époque de la Régence.

227 — BOIS. Partie de tabouret de cour en X, de l'époque Louis XIV, en noyer très finement sculpté.

Pièce intéressante et rare.

228 — BOIS. Très beau cadre en chêne sculpté, doré, de l'époque Louis XIV.

Haut., 1 m. 05 ; larg., 87 cent.

229 — BOIS. Beau cadre en chêne sculpté, doré, de l'époque Louis XIV.

Haut., 1 m.; larg., 85 cent.

## MEUBLES, PENDULES

### GRANDES COLONNES, GRANDES CARIATIDES, ETC.

230 — Commode de l'époque Louis XIV, forme tombeau, à deux tiroirs ; marqueterie de bois de violette avec très belles chutes, poignées, entrées et sabots en bronze ciselé. Dessus de marbre rouge royal.

Larg., 1 m. 35 cent.; prof., 64 cent.

231 — Coffre de mariage en chêne sculpté de l'époque de la Renaissance.

Haut., 85 cent.; larg., 1 m. 16 cent ; prof., 66 cent.

232 — Coffre de mariage en chêne sculpté de l'époque de la Renaissance.

Haut., 79 cent.; larg., 1 m. 31 cent.; prof., 67 cent.

233 — Dessus de bureau Louis XIII à huit tiroirs et porte avec deux tiroirs dans l'intérieur, incrustations d'étain et de nacre sur bois noir.

Larg., 1 m. 7 cent.; haut., 28 cent.; prof., 34 cent.

234 — Bureau-cylindre Louis XV en marqueterie à damier de bois de rose et palissandre ; sur le cylindre, médaillon en marqueterie de fleurs.

Larg., 97 cent.; haut., 95 cent.; prof., 47 cent.

235 — Grande pendule à suspendre, Louis XIV, avec son cul-de-lampe, marqueterie Boulle, le couronnement est formé d'un vase ; jolis bronzes ciselés.

Hauteur totale, 1 m. 10 cent.

236 — Toilette duchesse, bois de rose et violette, Louis XV, en marqueterie de couleurs à fleurs et attributs de musique.

Larg., 90 cent.; prof., 57 cent.

237 — Secrétaire Louis XVI, bois de rose ; sur l'abattant et les deux portes du bas, trois médaillons, marqueterie de couleurs.

Larg., 93 cent.; haut., 1 m. 40 cent.

238 — Commode, bois de rose et palissandre, forme tombeau Louis XV à trois rangées de tiroirs, marqueterie à fleurs en bois de couleurs, dessus de marbre gris.

Larg., 1 m. 30 cent.; prof., 65 cent.

239 — Encoignure, bois de rose Louis XV, avec marqueterie de fleurs de couleurs, dessus de marbre brèche d'Alep.

Larg., 85 cent.; haut., 90 cent.; prof., 60 cent.

240 — Toilette duchesse Louis XVI, bois de rose avec filets de marqueterie.

Larg , 78 cent.; prof., 45 cent.

241 — Crédence Du Cerceau en chêne avec colonnettes.

Haut., 1 m. 70 cent.; larg., 1 m. 20 cent.; prof., 50 cent.

242 — Banquette formant coffre à bois, du xve siècle, en chêne, avec panneaux à parchemins.

Larg., 1 m. 32 cent.; haut., 85 cent.; prof., 43 cent.

243 — Crédence Du Cerceau, chêne, avec panneaux sculptés et niches avec statuettes, bois sculpté, porte centrale, deux portes de côté et trois tiroirs.

Larg., 1 m. 14 cent.; haut., 1 m. 56 cent.; prof., 48 cent.

244 — Crédence Renaissance à deux portes et deux tiroirs, chêne sculpté, avec deux gros mascarons sur les portes.

Larg., 1 m. 23 cent.; haut., 1 m. 55 cent.; prof., 56 cent.

245 — Petite vitrine, style Louis XVI, en acajou, colonne cannelée et galerie en cuivre, dessus de marbre blanc.

Larg., 1 m. 42 cent.; haut., 62 cent.; prof., 33 cent.

246 — Pendule d'applique avec son cul-de-lampe, corne verte fleurie avec bronzes ciselés dorés. Époque Louis XV.

Hauteur totale, 1 m. 10 cent.

247 — Table à croisillon avec quatre cariatides, bois sculpté, doré, formant les pieds ; le dessus et le croisillon, bois noir, avec incrustations d'étain ; amour bois sculpté, sur le croisillon.

Long., 1 m. 17 cent.; larg., 73 cent.

248 — Grand panneau en hauteur, chêne sculpté : amour et instruments représentant les Arts et les Sciences.

Haut., 1 m. 57 cent.; larg., 58 cent.

249 — Écran Louis XV à double face, en bois sculpté laqué blanc et or.

250 — Crédence dressoir Renaissance, chêne sculpté, à colonnes avec deux portes et un tiroir.

Larg., 1 m. 18 cent.; hauteur totale, 1 m. 90 cent.; prof., 53 cent.

251 — Belle crédence, XVIe siècle, à grosses colonnes sculptées à bossages et deux portes avec marqueterie de bois, un grand tiroir à godrons.

Larg., 1 m. 19 cent ; haut., 1 m. 65 cent.; prof., 54 cent.

252 — Grand coffre gothique en chêne sculpté avec serrure, neuf panneaux sculptés.

Larg., 1 m. 75 cent ; haut., 85 cent.; prof., 75 cent.

253 — Petite crédence gothique à deux portes et deux tiroirs. XVe siècle.

Long., 96 cent ; haut., 1 m. 35 cent.; prof., 33 cent.

254 — Belle armoire Régence en chêne, très finement sculptée.

255 — Grande chaise d'abbé ou chayère, chêne sculpté. xv^e siècle.

256 — Deux dessus de portes, grands cartouches Louis XV en chêne sculpté.

257 — Secrétaire Louis XV à deux portes, bois de rose.

Larg., 90 cent.; haut., 1 m. 37 cent.

258 — Glace Louis XIV; cadre bois sculpté, doré.

Haut., 1 mètre; larg., 65 cent.

259 — Quatre grandes et belles colonnes torses avec chapiteaux corinthiens, bois sculpté, doré, de l'époque Louis XIII.

Elles seront divisées.

Haut., 2 m. 25 cent.

260 — Quatre grandes et belles cariatides formées par des enfants et terminées par des chutes de fleurs, bois sculpté, doré. Époque Louis XIV.

Pourront être divisées.

Haut., 1 m. 35 cent.

261 — Deux colonnes torses avec chapiteaux corinthiens, bois sculpté, doré, avec enfants, oiseaux et pampres. Époque Louis XIII.

Haut., 1 m. 75 cent.

## TAPISSERIES

262 à 266 — Série de cinq tapisseries-verdures, paysages et châteaux avec bordures de fleurs, médaillons à paysages et oiseaux affrontés.

Haut., 2 m. 60 cent. sur 2 m. 10 cent., 2 m. 65 cent, 1 m. 55 cent., 3 m. 75 et 2 m. 70 cent.

267 — Grande tapisserie fine ; belle verdure à petits personnages, repas champêtre ; bordure de fleurs.

Larg., 5 m. 75 cent.; haut., 2 m. 20 cent.

268 — Tapisserie du XVe siècle composée de nombreux personnages richement costumés.

Haut., 2 m. 70 cent.; larg., 3 m. 15 cent.

269 — Tapisserie du XVIe siècle représentant des personnages prenant un repas; costumes et ameublement de l'époque.

270 — Grande portière-verdure, Louis XIII; large bordure à grands cartouches, avec paysages, chutes et guirlandes de fleurs enrubanées.

Haut., 3 m. 40 cent.; larg., 2 m. 20 cent.

271 — Verdure, paysage avec oiseaux; bordures avec amours aux angles et rinceaux feuillagés, et fleurs.

Haut., 2 m. 50 cent.; larg., 2 m. 20 cent.

272 — Portière-verdure avec oiseaux; bordures de fleurs et fruits.

Haut., 2 m. 70 cent.; larg., 1 m. 60 cent.

273 — Autre portière-verdure.

Haut., 2 m. 80 cent.; larg., 1 m. 60 cent.

274 — Deux panneaux Renaissance, à petits personnages; sujets de chasse.

275 — Tapisserie fine représentant un vieillard et des femmes implorant le dieu Mars; bordure de fruits et feuillages sur ton vieil or, avec animaux dans de petits médaillons.

Haut., 2 m. 75 cent.; larg., 2 mètres.

276 — Sous ce numéro, objets omis au catalogue.

PARIS. — IMPRIMERIE DE L'ART, E. MOREAU ET Cie
41, RUE DE LA VICTOIRE, 41

www.ingramcontent.com/pod-product-compliance
Ingram Content Group UK Ltd.
Pitfield, Milton Keynes, MK11 3LW, UK
UKHW021311190726
13839UKWH00007B/1171